Cecilia Glanzmann

PARADIGMA DEL NUEVO TIEMPO

Cecilia Glanzmann

PARADIGMA DEL NUEVO TIEMPO

Poemas espirituales seleccionados

JustFiction Edition

Imprint
Any brand names and product names mentioned in this book are subject to trademark, brand or patent protection and are trademarks or registered trademarks of their respective holders. The use of brand names, product names, common names, trade names, product descriptions etc. even without a particular marking in this work is in no way to be construed to mean that such names may be regarded as unrestricted in respect of trademark and brand protection legislation and could thus be used by anyone.

Cover image: www.ingimage.com

Publisher:
JustFiction! Edition
is a trademark of
Dodo Books Indian Ocean Ltd. and OmniScriptum S.R.L publishing group

120 High Road, East Finchley, London, N2 9ED, United Kingdom
Str. Armeneasca 28/1, office 1, Chisinau MD-2012, Republic of Moldova, Europe
Printed at: see last page
ISBN: 978-620-6-74240-1

PARADIGMA DEL NUEVO TIEMPO

Cecilia Glanzmann

Poemas espirituales seleccionados

Palabras de la autora

Gira... la humanidad. Estamos en uno de los tantos quiebres de SU "historia" en este planeta.

La evolución de la Conciencia no lleva mucho tiempo. Nos vamos encontrando algunos, aún con los que partieron, a través de sus haceres en la vida. Y con otros, no en este plano. Ya estamos en el cambio que debía empezar y darse en el progreso del ser humano. No sabemos cuánto tiempo pasará. Importa que ya está ocurriendo, que fluye el nuevo paradigma. Que continúa creciendo en el avance de la conciencia espiritual, que aumenta el ir dando e irradiando luz. Esta parición y este avance es con paz, a través del amor. Es mutuamente. Vamos andando con libertad, hacia otro modo dimensional, en el plan divino. Pareciera que somos pocos, pues es mucha la oscuridad en la Tierra. Sin embargo, vamos siendo más y más. Armonizar con la Naturaleza y aprender de ella, y de la riqueza en nuestro interior es lo que vamos viviendo. Toda esta sabia Energía se nos irá haciendo Conciencia en nuestros cuerpos y mucho en el espiritual. *In crescendo*.

El darse cuenta, el vivir todo esto, es otro aprendizaje en su *continuum*. La sublime Presencia está, en cuantos vamos despertando, aunque para tantos no. Aún no. El ascenso es poco a poco, pero indetenible. Cada uno ilumina y continuará iluminando este vibrar en la Luz, a través de la frecuencia del amor. Es un trabajo personal y comunitario. Aunque parezca una utopía, no lo es. Sí llevará su tiempo, más allá de nuestros pasos temporales.

El Camino se viene haciendo, se hace, se hará, en esta evolución.

La vía para aportar cuanto he expresado, en mi caso, es la poesía. Desde la intuición y el percibir, la palabra poética dice, en su síntesis, lo que sé que debo compartir, desde lo más profundo de mi ser.

Estos Poemas seleccionados por mí, son de mi *Obra Poética 1987-2017* y de mi *En la Luz*, editados por Vinciguerra en Buenos Aires (en 1918 y en 2022, respectivamente). Consideré relevante escogerlos para que lleguen a los lectores a través de Just Fiction Edition, ***en Paradigma del nuevo tiempo***.

Cecilia Glanzmann

Agradecimiento a Victoria Gheorghina

Lector o escucha, compañero espiritual:
El yo lírico espiritual te busca para el encuentro.

1 - AMAR

Ama y estarás colmado.

Solo ama

con el Verbo-Luz

en tu vida

para la Vida más allá de tu yo.

2 - PARADIGMA

Estamos ya en el nuevo tiempo.
El de la sublime energía del Amor.

Como un silencioso desafío
avanza casi recién nacido
el humano
abriendo senderos
impensados
extraños
luminosos

avanza
con la respiración del amor
el necesario
y sabio
de ancestrales designios

avanza
en el mundo entero
lentamente…

que no nos importen las sombras
ni la finitud de la vida de cada uno
que avancemos
-nos dice la conciencia.

Cuando el Amor es proa a cuanto puerto de mar abierto exista..., la Vida en esta etapa terrena "es". Y siendo, vibra en consonancia con todo cuanto existe. Y la vivencia plena de uno en el Todo se revela diáfana en el Todo es Uno.

El Amor es un largo sendero y es un abrazo largo que nunca se agota. El hoy es el único nombre del tiempo y de la vida.

Y la conciencia, como una sonrisa abierta y pura, avanza hacia la Luz.

4 - A LA INTEMPERIE

Nos es parte
estar a la intemperie
y tantas veces renegamos
olvidando
el honrar la vida
cada día

> *el elegirnos y elegir*
>
> *el aceptarnos y aceptar*
>
> *el perdonarnos y perdonar*
>
> *el amar sin el azogue*
>
> *de densas neblinas*
>
> *de oscuras tempestades*
>
> *de lavas ardientes*

el amar diamantino
como el agua entre el cuarzo.

La intemperie al dar y darnos
es cobijo del alma.

creemos que ya hemos construido la sólida pirámide

la coraza traslúcida y potente

y de pronto

una liviandad una palabra un gesto

nos hacen sentir que la hemos construido de arena

y en la arena

tanto en nuestras relaciones.

A veces

el sol nos cae a baldazos

y de pronto nos hallamos desprevenidos, solos...

Y a veces

una mano con amor nos levanta

y sabemos o

sabemos mejor

que es posible seguir intentando

la escalera la casa sólida

el ser feliz

que es posible recordarnos

que somos

desde eones de tiempo

una pirámide.

6 - COCREADORES

En ese acontecer sagrado

en una semillita

en un óvulo fecundado

nuestro asombro

ante el estallido de la vida

ante la maravilla

ante la conciencia que se nos crece,

si nuestro albedrío lo permite.

En este acontecer sagrado

el Amor es del humano

es sentimiento que fluye y se sublima,

parpadea en su pulso

el guardado secreto de lo divino,

del universo que somos

del universo que cocreamos.

La Luz estará siempre sobre toda sombra

y es nuestro

el poder de su llama.

7 - GRATITUD

Mi corazón continente

galopando

paladeando en goce

calmando tempestades sorpresivas

orando con lo sublime que destella

sintiendo las ternuras

abrazando la causa de la vida

mi corazón universo

continente de universos

en los cuerpos sagrados

que son tierra y vuelo.

Mi corazón continente

de la paz de los años

agradece a Dios

que camina conmigo.

Desde las ojeras desvalidas
desmembradas
del centro del Mandala
hay un flujo y reflujo
de soles y de lunas
fulgurantes
en el camino hacia el Uno,
en el siempre posible llegar
humilde
a ser hogar de Dios
a ser labriego del ser.

Amanece

en tantos espacios

de esta casa azul,

pequeñita en el cosmos.

Amanece y las nubes

son espejo de lo alto

en el amado mar.

Se renueva el asombro

y crece.

Y fecunda el latido.

Amanece y franjas de fuego

cosquillean los pastos

los acantilados de caliza ámbar

las bardas desperezándose.

El sol juega con mi asombro.

Es tal la maravilla

que enmudezco

y quedo en contemplación.

La Luz se confunde con esta Luz

que me vive en el adentro

que se escapa a cada instante

sin irse nunca.

10 - CONCIENCIA

Elegí venir.

En esta estancia

tal vez entre las últimas

vivo mi cuerpo como todos

pero… hay algo

me crecen alas de acuarelas

con aromas de jazmines y de rosas

con sonidos de cuerdas y de cuencos.

Una luz purísima me habla

desde adentro

como desde un corazón multiplicado.

11- DEL ARRAIGO

La veo

¿la ves, la ves quizás,

la ves también?

Es una pirámide de luciérnagas y girasoles.

Huele a lavanda de costa marina,

hay tamariscos

y hay arrayanes,

hay cactus y cardones y menhires,

y pastos altos y tiernos,

y arbustos achaparrados de sur abierto.

Todo huele y está y es en ella.

El hombre sueña símbolos

los símbolos se hacen tierra nueva

la tierra nueva se torna antigua

y le canta al hombre desde las palabras viejas.

Y luego

del llanto y de la risa

ella sigue aquí

con sus luciérnagas y sus girasoles de costumbre

allá o más allá,

pero siempre aquí.

Entonces

todo huele y está y es.

Cuando la luz

es un estallido de luciérnagas

y de arena serrana con mica

en relumbre de espejos

en un festival de cantos de pájaros

al atardecer…

cuando la luz se torna sendero

para el meditar

en respiración lenta

decreciendo

en silencio sagrado

solo es espíritu en la Luz.

13 - PERCIBO

Hubo habrá hay un día

en el que

todo era será es .

Hay un tiempo interior

en movimiento de fotones de luz

en el *ADN*

que nos vive en el cambio.

14- SER CONCIENCIA-HOY

A Ana Paula

La gente.

El expulsado y el renacido

humano ser.

La vida expandiéndose

la vida multidimensional

el Todo

el extrañado y el reencontrado,

ser parte

ser uno en el Ser

el Hoy

sin tiempo alternativo

sin arca de Noé

sin insensatas   transgresiones.

Ser parte

en la Conciencia de Unidad

escuchando a los ángeles,

ser ellos

percibidamente *ellos* .

Ser dejándonos ser

-como el agua que fluye -

tierra y cielo y cosmos.

Solo Luz.

Sé que estás en el sol y en los árboles.

Sé que existe el Camino iluminado

y fresco,

más allá de todo.

Y creo.

Por eso vivo.

Por eso amo.

Por eso escribo

    desde lo que soy.

Sé que estás en mí y yo contigo.

Sé que soy y somos

    por la Gracia.

Gloria a Ti, Señor.

Delante de la mirada
detrás de los párpados cerrados
veo arenas en figuras poliédricas
como amatistas moviéndose.

Hay rías de luz.

En los meandros de nuestras pisadas
 un asterisco puede abrirnos
 de pronto, una puerta .

Los párpados se abren
 y al beber el silencio
 veo
que se nos permite el paso.
 Y también, el regreso.

17 - OH, MAR...

Llegas rielando con tus aguas

del gran libro del Tiempo

y te vas rielando

    y vuelves...

has bajado el cielo a este mundo

en su azul más puro

o en los matices de sus cambios

    y llegas

    y te vuelves...

tus olas de alada espuma

murmuran

    rugen

      son explosiones rientes

ya viven en calma

ya en nuevo torbellino.

¿Qué manos tan hábiles te bordan

ese tu etéreo encaje

en una u otra costa del planeta?

¿Qué voces te expresan

desde la hondura mística del
                  Tiempo?

Mar...

en el árbol de la vida

existes

y nosotros

humanos seres terrestres

reintentamos

      escucharte.

Solo el amor reúne./.../ Amar es el camino y el Todo

C.G. (Hilanderos de la Luz)

Cuando te hieren

como saetas volcánicas

las oscuridades que ciegan

al hombre escindido en su conciencia

ese vientre felino tan tuyo

tan de madre paridora de reinos

con púas hendiéndote por todos los costados

no deja de buscar la estrella de seis puntas

que es puente de universos entre la materia y el espíritu.

Planeta entre dos reinos,

con fe en el amor es tu canto prometeico,

con los discos dorados guardianes del destino

con los enraizados custodios para el vuelo

hacia las escalas más altas.

Y te yergues cantándole al Misterio.

19 - RUEGO

¿De quién es la tierra que nos diste,

esta Tierra: planeta, país, parcela,

              el suelo nativo y el adoptado...

 es de los primeros que la habitaron ?

 hubo segundos que supieron respetarlos ?

 hubo primeros que supieron aceptarlos ?

 y hubo y hubo... en la noria de los tiempos ?

La lucha por recuperar derechos

habla de quebrados puentes

de árboles heridos

de soles olvidados,

habla de un negarse a la Vida

permanente

habla de contados seres de conciencia abierta

que persisten

              que persisten.

Que la Tierra que nos diste a todos

nos contenga

     en Tu Luz, Señor,

con nuestra posible madura voluntad

                  de convivencia.

La vida es como medio sol.

El medio sol está asomándose en el horizonte

                              todo el tiempo.

Y hay un mundo humano convencido.

Pero el sol crece por sobre el límite velado.

Crece crece crece

se hace círculo.

¿La vida no puede ser el sol de mediodía?

Algunos lo saben porque lo sienten.

El sol entero es, quizás,

una intuición sobre la vida.

21- SIN ADIOSES.

Camino mis días

con la sonrisa pronta

con la mirada ardiente

en este tiempo

de adherencias a mi vuelo.

Mi corazón

tiene que saltar la cerca

atravesar un desierto

sin lazo que ahogue.

Mi amor es un abanico

en pentagramas de entregas

en claves

y en fugas

a esas generosas dimensiones

del abrazo.

Doy gracias por la merced de la vida
que es siempre esperanza de principio.
Doy gracias por la palabra en el poema.
Doy gracias por este percibir el equilibrio
en el aparente desorden de las fuerzas.
Doy gracias por sentir tan hondo vibraciones de la Luz.
Doy gracias por el Cristo Cósmico
Adviniendo.

por tu abrazo

hay regocijo

en el bullente escarceo

en las rías de mi sangre

hay ofrenda entera a vos

y la hay a mí

con nuestras lunas que se reflejan

y se incendian sin horarios

es el amor que nos reúne en este hoy

venciendo

a los anales del tiempo

nos asombramos riendo en el abrazo.

Creo en la energía del amor
como ágiles manos en un telar
como el mar respirando en su oleaje,
ella renueva el mundo
desde nuestro adentro
como armonía sinfónica
en todo lo que somos
en lo que vamos siendo.

Creo en la energía del amor
atravesando espacios
anulando miedos
sosteniendo ese latido
que nos hace libres.

25 - SOLES DE HERMANDAD

No puedo admitir la violencia aunque sea contra la violencia.

Roger Martín du Gard

En el calidoscopio de la vida

la palabra vibra en frecuencias

del amar amando

y es cuando puede tornarse olvido

la injuria fangosa

de los egos en vértigo

de la violencia

aún contra la violencia

y es cuando la paz puede colarse

luminosa

como un niño travieso

y como un abuelo sabio.

Pero el rocío

suele congelarse en las pestañas

y hamacarse

entre el corazón y la mente

en los que aún no se despiertan.

La Poesía conoce de diafanidades

las torna voz en sinfonía

y va... y va

enhebrando soles de hermandad

en la conciencia del humano.

26 - SOLO EL AMOR

Cuando el diálogo se quiebra

qué difícil resulta retomarlo...

se reúnen casi apelmazadas

infinitas partículas de culpas y disculpas

se levanta uno con esfuerzo

y se cae en el intento

para volver a erguirse y a caerse

      tantas veces...

Las palabras existen, pero suenan huecas.

No sirven ni escritas ni pensadas

ni dichas por teléfono.

La distancia aumenta lejanías

y el corazón se aprieta en la congoja.

Cómo dar el paso hacia el otro

con tan pesada carga de desánimo...

Por allí, el ojo húmedo ve una lucecita

y la Luz crece y el Amor perdona,

el amor olvida y une.

Solo el AMOR iluminado puede el milagro

que es tan cotidiano y bello...

      como el pan, las avecillas, un pimpollo de rosa...

      como una mariposa

      como el agua de un arroyuelo...

Solo el amor reúne.

Solo el amor.

Hace un momento

se me volvieron translúcidos los párpados

y vi un cielo amarillo cercano y cristalino

y allí estaba esa historia mía tan secreta

del silencio.

Siento desde los ríos subterráneos

subiendo

     hacia la conciencia de Girasol

una cicatriz fea, muy fea y en relieve...

la cicatriz es un grito

luego una palabra: "perdónate"

enseguida un susurro…

mientras se hace pequeñita,

mientras se torna en pincelada leve y bella

cuando el oído del Girasol la escucha

la recibe

y la palabra, entonces

es más bella y tan leve

tan, tan leve...

y el Girasol sonríe.

Y yo también sonrío,

ya no hay cicatriz.

La Belleza de la Verdad la ha borrado.

El Amor vibra arco iris radiantes

en el silencio colmado de voces

que bajan y suben

y suben y bajan

y suben suben

suben

desde y hacia otro misterio revelado

por la Gracia, Señor.

Esta Luz que me habita

esta caricia de fuego y agua

esta paz del precioso silencio

sin miedos

esta libertad hacedora

      ... el Divino Maestro nos sostiene

         en el construirnos en otredad...

este Amor-energía

con entregas y perdones

este cántaro colmado por la Gracia

que reverbera y fluye

y fluye...

este vivir con y en la Poesía

con uno y con los otros,

todo *ES* del alma

en el terreno y no terreno ser.

No hay búsqueda ni sed.

Hay la sagrada maravilla

del Encuentro,

el que nos trasciende.

El día de la fuga
aún hiere el insomnio.
Ah, que no sea
ese carro de asalto
este de goznes
enrarecidos de engaños.

La noche de las lunas
para los soles que hablan
danzan en las pupilas
que atesoran el alba.

Y nosotros, el hombre
de nueve lunas hecho
para abrir y cerrar
las cadenas del agua,
esperamos el día
de la fuga al encuentro.

En un minuto podemos sentir el Todo.

Con lo que sabemos y con lo que no sabemos.

Solo tenemos que escuchar las voces. Solo en esa soledad-silencio que no tiene otro nombre que el del amor.

Es en el remanso donde se escucha el balbucear del Universo.

Cuando las ondas circulares que apenas rozando muestran la expansión molecular, es cuando se siente que ello nos está ocurriendo igualmente dentro. La Luz que *Es* nos reencuentra para andar ese camino que solo cada uno puede recorrer. Cada uno. Y en el entramado cósmico Ella muta su inmutabilidad en un imperceptible guiño , que no nos es ni le es ajeno al Uno. En el Creador la fuerza del Amor abraza la vigilia del laboreo incontable de la Mente.

Es en el remanso. Es dentro de uno.

Buscarse, adentrarse. Conocerse.

El Todo reside en... cada ser. Y el Uno es.

33 - HACIA EL ALBA

El preludio del alba avanza.

Hoja de vida

Cecilia Glanzmann nació en Bell Ville (Córdoba) y reside en Trelew (Chubut) desde 1972. Educadora. Escritora. Hacedora Cultural. Prologuista. Conferencista. Jurado. Ha sido Presidente de la Sociedad Argentina de Escritores, Chubut y es miembro activo de SADE argentina. Ha sido Delegada del Fondo Nacional de las Artes, Directora de Cultura de Trelew .Fue fundadora de los talleres literarios de SADE Chubut, del Taller del Escritor y co-fundadora del *Grupo Literario Encuentro* y su presidenta por años. Actualmente, Coordinadora General. Integra varias instituciones, entre otras: ILCH de California, Fundación Argentina para la Poesía, S.A.D.E. Argentina, Gente de Letras, ILLPAT-Universidad Nacional de la Patagonia, Gorsedd, Asociación Americana para la Poesía, Academia Argentina de Lit. Infantil y Juvenil*, Grupo Marta de París. Obra: seis volúmenes de Metodología de Estudio. Cuento Infantil: *Amor de Remolacha. Un tobogán con bufanda.* Poesía: Doce libros reunidos en su *Obra Poética 1987-2017* (ed.2018*). Con el timón de la vida (*Compiladora obra de su padre, 2018*), C.D. Poemas en su voz,* 2020. *Desde la piel interior del corazón.* Berlín, Just Fiction Edition,2020 .*En la Luz* (2022). *Publicaciones de Ensayos por vía digital* (en *).Ha sido traducida a varias lenguas. Ha recibido gran número de premios y distinciones. Fue Corona del Poeta en el Eisteddfod en Chubut en cuatro ocasiones; Puma de Plata de la Fundación Argentina para la Poesía. Faja de Honor de la SADE. En 2010 fue distinguida como Mujer Destacada por el Gobierno del Chubut en el Día Internacional de la Mujer, por su labor docente y cultural. La Biblioteca Escolar de la Escuela N° 751 de Trelew lleva su nombre. En diciembre de 2018 fue declarada Ciudadana Ilustre de Trelew por el Concejo Deliberante. En 2019, Visitante Ilustre en San Miguel de Tucumán. En su ciudad natal Bell Ville, Córdoba, tuvo reconocimientos especiales de la Municipalidad en 1990 y en 2019. Desde 2020, Miembro de Número de la Academia Argentina de Literatura Infantil y Juvenil. En 2022 , Secretaria General de la S. de Arte y Cultura del Instituto Literario y Cultural Hispánico. E mail: <u>ceciliaglanzmann@gmail.com,</u> http:// cecilia-glanzmann.blogspot.com.ar/

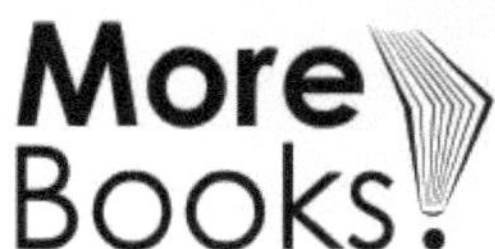